Rainer Haak

Liebe dein Leben und finde dein Glück

Fotografien von Ulrike Romeis

Herder Freiburg · Basel · Wien

Manchmal

Ich freue mich über jeden Farbtupfer,
wenn der Alltag grau und eintönig ist.
Manchmal darf ich selbst ein Farbtupfer sein.
Ich freue mich über jedes Licht,
das die Dunkelheit erleuchtet.
Manchmal darf ich selbst Licht sein.
Ich freue mich über jedes Zeichen der Liebe
in einer abgestumpften Gesellschaft.
Manchmal darf ich selbst Liebe schenken.
Ich freue mich über alles Lebendige,
wenn vieles um mich herum tot ist.
Manchmal bin ich selbst sehr lebendig.

Nicht davonlaufen

Ich will heute nicht
vor einer Niederlage davonlaufen.
Sonst würde ich morgen den Erfolg verpassen.
Ich will heute nicht
vor der Traurigkeit davonlaufen.
Sonst würde ich morgen nicht erfahren,
wie gut die Freude tut.
Ich will heute nicht meine Augen
vor den Schwierigkeiten verschließen.
Sonst würde ich morgen mein Glück versäumen.

Was mir im Weg steht

Ich kann nicht glücklich sein,
so dachte ich lange Zeit,
weil mir so vieles im Weg steht:
der Arbeitsplatz, die Familie,
die Pflicht, die Tradition,
das Wetter und das fehlende Geld.
Ich dachte es,
bis mir deutlich wurde,
dass mir nur einer im Wege stehen kann:
ich selbst.

Jeder Tag

Jeder Tag ist ein Tag
zum Ausruhen und Träumen,
zum Lachen und Staunen,
zum Lieben und Geliebtwerden,
zum Reden und Zuhören,
zum Freuen und Glücklichsein.
Jeder Tag ist ein Tag zum Leben.

Höchste Zeit

Wenn ich nur immer Probleme sehe,
wenn ich unter Langeweile leide
oder mich nicht entscheiden kann,
wenn ich mich überfordert fühle
und an mir selbst zweifle,
wenn ich mutlos und verzagt bin
und nicht an die Zukunft denken mag –
dann ist es höchste Zeit,
dass ich mich an gute Augenblicke erinnere,
an glückliche, erfüllte Stunden,
um mir selbst deutlich zu machen,
wie gut das Leben es mit mir meint.

Ein Lächeln

Als ich mich heute morgen
aus verquollenen Augen heraus
im Spiegel betrachtete,
war ich entsetzt über diesen Menschen,
der mich da mürrisch anblickte.
Doch dann versuchte ich zaghaft,
freundlich zu blicken und zu lächeln.
Und stell dir vor –
er lächelte zurück.

Immer größer

Als Kind konnte ich mich freuen
über die vielen kleinen Dinge.
Später mussten sie immer größer,
teurer und exklusiver werden.
Und je größer sie wurden,
umso unzufriedener wurde ich.
Ob das Kind in mir
sich auch heute noch
über die kleinen Dinge freuen kann?

Du bist eingeladen

Egal, ob du am Anfang deines Lebens stehst
oder schon vieles erlebt hast,
ob du einen großen Erfolg feierst
oder eine bittere Enttäuschung verkraften musst,
ob die Sonnenstrahlen dich wärmen
oder Sturm und Regen dir zusetzen –
immer bist du eingeladen,
das Leben zu lieben
und glücklich zu sein.

Ziel meiner Selbstverwirklich
einfach da.
brauche nur Ja zu sagen,
mir begegnet.

Aufstehen und leben

Auch wer sich auf alles gut vorbereitet,
wird von Niederlagen nicht verschont bleiben.
Auch wer meistens positiv denkt,
kann manches Negative erleben.
Auch wer gut in Form ist,
kann stolpern und fallen.
Doch wer sein Leben liebt,
wird nicht lange liegen bleiben,
sondern schon bald wieder
aufstehen und leben.

Aufstehen und leben

Auch wer sich auf alles gut vorbereitet,
wird von Niederlagen nicht verschont bleiben.
Auch wer meistens positiv denkt,
kann manches Negative erleben.
Auch wer gut in Form ist,
kann stolpern und fallen.
Doch wer sein Leben liebt,
wird nicht lange liegen bleiben,
sondern schon bald wieder
aufstehen und leben.

Das Glück kommt

Das Glück kommt zu mir
auf sehr unterschiedlichen Wegen.
Es begegnet mir leise und laut,
klein und groß, zart und stark.
Es kommt abends und morgens,
am Tag des größten Erfolgs
und vielleicht sogar
in der Nacht der Verzweiflung.

Oasen in der Wüste

Ein herzliches Lächeln,
ein offener Blick,
eine einladende Handbewegung,
ein verständnisvolles Wort,
ein offenes Herz –
Oasen in der Wüste unserer Welt,
Orte, wo das Leben einlädt,
Rast zu machen.

Grenzen

Es gibt in meinem Leben Grenzen,
die ich nicht überschreiten kann,
und Türen, die mir
für immer verschlossen bleiben.
Wenn ich das ignoriere
und dagegen ankämpfe,
mache ich mir das Leben unnötig schwer
und mich selbst unglücklich.
Wenn ich es jedoch akzeptiere,
habe ich den wichtigsten Schritt
zum Glück schon gemacht.

Verschiedene Träume

Es gibt wunderschöne Träume,
die millionenfach geträumt werden –
vom Glück am einsamen Strand,
vom rassigen Sportwagen
oder vom komfortablen Eigenheim.
Doch wer glücklich sein will,
muss die Träume,
die von außen kommen,
von denen unterscheiden können,
die in der eigenen Seele geboren sind.

Mich dem Leben stellen

Glücklichsein hat nichts mit einer Scheinwelt zu tun,
in die ich mich ängstlich flüchte.
Denn Seifenblasen zerplatzen,
und jeder Traum hat ein Ende.
Glück finde ich in der Wirklichkeit,
wenn ich ihr standhalte.
Da, wo ich die Krankheit akzeptiere
und gerade nicht aufgebe.
Da, wo ich mich meinen Problemen stelle
und an ihrer Lösung arbeite.
Da, wo ich die Grenzen des anderen erkenne
und mit ihnen zu leben versuche.
Und wenn ich meine,
die Wirklichkeit sei zu schwer,
dann macht mir ein kurzer Augenblick des Glücks
neu Mut, mich dem Leben zu stellen.

Sonderbar

Ist es nicht sonderbar,
dass die meisten Menschen
all das, was sie haben,
gering achten
und verzweifelt dem nachjagen,
was sie nicht haben,
weil sie der Überzeugung sind,
nur damit glücklich zu sein?

Glücklich

Glücklich ist, wer sein Leben genießen kann
und auch an seine Mitmenschen denkt.
Glücklich ist, wer vieles erreicht hat
und dabei nicht überheblich geworden ist.
Glücklich ist, wer sich für seinen Glauben einsetzt
und nicht engstirnig oder intolerant wird.
Glücklich ist, wer Schmerz erfahren hat
und nicht verbittert geworden ist.
Glücklich ist, wer das große Glück sucht
und sich über das kleine Glück freuen kann.

Ich wünsche mir

Ich wünsche mir Mut,
mehr als bisher für mein Glück zu tun.
Ich wünsche mir Phantasie,
damit ich mir ausmalen kann,
wie ich mein Leben gestalten möchte.
Ich wünsche mir Vertrauen darauf,
dass das Leben es gut mit mir meint.
Und ich wünsche mir Humor,
damit ich über mich selbst lachen kann.

Zeit nehmen

Weniger ist oft mehr.
Diese Erfahrung mache ich immer wieder.
Wenn ich einen Tag mit Terminen „vollstopfe“,
bin ich abends oft leer und ausgebrannt.
Auch Glück braucht Zeit.
Ich kann es nicht zwischen zwei Terminen einplanen.
Ich kann es nicht im Laufschritt erfahren.
Ich will mir Zeit nehmen für das Glück,
damit es wachsen und sich entfalten kann.

Ein Geschenk

Auch wenn ich alles tue,
was in meiner Macht steht,
um glücklich zu sein,
wenn ich an mir arbeite
und aus meinen Fehlern lerne,
meine Freundschaften pflege
und intensiv versuche,
ganz im Augenblick zu leben –
das Glück ist nie
das Ergebnis meiner Anstrengungen,
es ist immer ein Geschenk.

Einfach so!

Diesen Augenblick schenke ich mir:
Nichts muss ich tun,
nichts muss ich leisten,
nichts muss ich erledigen,
nichts muss ich in Ordnung bringen,
nichts muss ich beschönigen oder kritisieren.
Ich darf sein, einfach so!

Glücklich sein

Meine Angst überwinden,
meine Probleme lösen,
meine Sorgen vergessen,
meine Trägheit besiegen,
aus meinen Fehlern lernen,
an meinen Schwächen arbeiten,
aber auch akzeptieren,
dass mir nicht alles gelingt –
und glücklich sein.

Der glücklichste Mensch

Eine schwere Krankheit überstehen,
eine komplizierte Aufgabe lösen,
die Liebe meines Lebens finden,
einen schrecklichen Streit beenden,
endlich zu mir stehen,
ein schwieriges Problem lösen,
den eigenen Weg finden –
und plötzlich bin ich
der glücklichste Mensch der Welt.

Von Rainer Haak ist in gleicher
Ausstattung erschienen:

Liebe dein Leben weil du Geburtstag hast
Fotografien von Josef Bieker
ISBN 3-451-27972-X

Informationen über Bücher und Veranstaltungen
von Rainer Haak erhalten Sie im Internet unter:
www.rainerhaak.de

www.herder.de
Gesamtgestaltung und Konzeption: R·M·E
Roland Eschlbeck/Rosemarie Kreuzer
Satz: Uwe Stohrer, Freiburg
Herstellung: L.E.G.O. Olivotto S.p.A., Vicenza 2002
ISBN 3-451-27973-8